JN440156

꽃을 따는 새

성근석 시집

문학의전당 시인선
232

꽃을 따는 새

성근석 시집

문학의전당

시인의 말

살아가는 게 늘 안개 같았다.
머리는 복잡하고 이렇다 할 명쾌함이 없었다.
안개를 해부하고 그 속에서 나름 사는 것이 어떠하다는
실마리를 찾고 싶어 시를 쓰기 시작했다.

안개는 없었다.
나의 작은 우울함이거나 좌절들이었다.
그게 나의 생이었다.

십 년 넘게 내 컴퓨터에만 갇혀 있던
나의 우울과 비뚤어진 어설픔을 담아낸다.
속절없는 작은 나의 욕구와 불만
이러한 것들이 내가 살아 있는 증표일 것이다.

2016년 여름
성근석

차례

제2부

제1부

유리창

너는 차갑게 서 있었어
세상은 너를 통하고도 끄덕도 않았지
네 몸에는 쓸쓸한 별빛이 반짝이고
나뭇잎은 손을 흔들며 낙엽이 되었지

너는 차갑게 그대로 서 있었어
네가 쨍그랑 소리를 내던 날
날카로운 칼날처럼 퍼렇게 되었을 때
네 고요가 얼마나 큰 상처였는지

네 침묵이 단단하던 날
세상은 맑게 서 있었어

화선지

나는 한 폭의 화선지
묵묵히 화가의 필묵을 받아들이는 화선지
생의 저변의 묽은 묵을 받아내다
생의 핵심의 끈끈함을 받아내다
바람과 구름과 물과 산자락을 인연으로 묶은
찰나를 품어내는 말없는 침묵
침묵에 담겨진 무수한 사연들이 줄줄이 허공에 떠오른다
들리는가? 내 소리가
그 시절에 살아간 생이 담긴 소리를
오늘 오늘의 소릴 담아 침묵 속에 잠재우지만
또다시 말하리라
나는 한 폭의 화선지
생의 소리를 묵묵히 받아내는 화선지
필묵은 말없이 내 위를 한 획 한 획 그어가지만
나는 토해내고야 만다
날 바라보는 그들 눈 속으로
나는 함축된 한 폭의 인생이어라
바람과 구름과 물과 산자락을 인연으로 묶은

웅덩이

비 개인 오후
마당 한 켠 작은 웅덩이에 물이 고였다
미열을 식히듯 바람이 스치자
작은 물결이 문장처럼 번져 나간다
멀미가 난다
늘 바라보던 산은 옷을 갈아입고
구름은 서쪽 하늘로 가고 있다
왜 사는지도 모르는 사람들이 떼 지어 몰려간다
여름 한철 무더운 바람도 저렇듯 지나고 나면
웅덩이에 일렁이는 작은 파문일 뿐
웅덩이에 손가락을 넣어보면 먼 바다가 만져진다
배 하나 띄워 나를 싣고 파도를 헤쳐도
늘 그 자리를 맴도는 소금쟁이 삶
웅덩이 속에서 휘젓는 내 손가락에 파도가 인다
파도의 끝은 늘 거품인 것을,
거품 걷힌 하늘 아래 다시 바람이 불고
웅덩이를 빠져나온 내 손가락 끝에 물방울 하나
떨어져 내린다, 무슨 느낌표처럼

어디에라도 상처 생겨야겠다

가슴 웅덩이에는
물고기가 꼬리를 내리고 살았는지 죽었는지?
비늘은 붉은 색을 내다 푸른색을 띠다
생각의 실마리는 투명한 듯 흐리게 얼어간다
어디에라도 상처 생겨야겠다
가려운 상처 긁을 때면 얼얼한 통증과
뼛속으로부터 시원함이 쾌감처럼 밀려오고
선홍색 핏물이 조금이나마 흘렀으리라

종일 뻐끔거리는 물고기
제 몸뚱이 띄워주던 가벼움 빠져나가는 줄도 모르고
허공을 향해 쉬지 않고 수다 떠는 붕어의 입놀림
방사선으로 파문은 번져 커지고
흔들리는 물결에 몸뚱이 출렁거린다
제 소리는 아니다
그냥 허허한 울림이었다

물고기가 헤엄친다고 믿게 되는 것은

그 공허한 수나 때문인 것을

어디에라도 상처 하나 깊어져야겠다

껍질

내 피부에는
자극들로 물든 껍질이 있다
울컥이는 속트림이 말라서
한 꺼풀씩 덧대어간 껍질
삶을 삭히기 위해
내 몸은 비대해졌고 움직일 때마다 어설프다
이 무거운 껍데기를 벗고 싶다는 또 다른 껍질
외부에서 오는 자극들로 쌓이는 껍질
속앓이는 두엄의 높이와 같은가?
두엄의 높이만큼 쌓인 열기
난 힘이 드는 굴레를 목구멍으로 삼킨다
껍질의 역겨운 맛을 음미하며
내 피부에는 외부에서 오는 자극들로 물든 껍질이 있다

풋고추

서리 내리기 전
풋고추는 서리 맞으면 숨이 죽는다고
남편은 한 포대 가득 풋고추를 따가지고 왔다
동치미, 지고추 담글 줄 모르는 나는
가득한 풋고추 포대를 보니 짜증이 난다
지고추 좋아하시는 친정어머니
매운 것이 좋다시며 만두 속에 다져 넣으셨는데
나는 풋고추 포대를 열지도 못하게 한다
회사 식당으로 보내라고 투덜거리는 소릴 듣는
포대 속의 풋고추
내 융숭한 대접이 얼마나 매웠을까?
황금색이 되지 못하면 부서질 수 없다는 고추
밀폐된 공간에서 땀들이 엉겨 물이 줄줄 흐르고
엉겨서 내리는 소리
뜬금없이 내리겠다는 찬 서리에
꽃 한 송이 같은 희망 무너져 버리고
풋고추는 짠 눈물로 제 살을 절여갈 것이다

목련꽃

내 사무실 앞에는
목련나무 한 그루 있다
이 건물이 세워진 세월 동안
자리를 지키고 있었을 것이다
내가 그를 처음 보았을 때
그는 묵묵히 나를 보았다
싱거운 놈이라 생각을 했다
묵묵하던 목련이
누런 이빨 다 드러내놓고
봄볕에 방끗 흰 웃음을 웃었다
웃는 입술이 눈이 부셨다

나는 목련이 주는
녹색 아편으로 눈이 멀어지고
침묵 속으로 낙화되는 시를 보았다
아, 시가 지는구나

그는 내가 알기 전부터

외출도 하지 않고
이른 가을바람에 제 분신마저 떨어트려 가면서
겨울, 몹시도 가난한 겨울 동안
시를 쓰고 또 쓰다
봄에 시 한 편 공중에 올려놓았다

거미

제 살이 닳으면
꽁무니로 또 쏟아놓는 끈적이는 살
어떻게 동여 놓았는지
비닐하우스의 윙윙거리던 비닐이
펄럭이다가 찢어져도
거미집은
비바람 마구 흔들어대도 찢어지지 않는다

적막에 숨은 거미의 울음을 보았는가
적막해서 너무 적막해지는 거미는
폐허 속에서 창백해지도록
비명 한마디 없이 제 봉분 등에 지고
끈끈함만 제 똥집에 우겨 넣는다

제 삶의 무게를 지고 다녀야 한다는
생의 끈끈함을 받아들이고

말이 쏟아진 후

마른 입속에 벌레들이 우두둑 떨어지고
떨어진 자리마다 가시 돋아나
피 한 방울 나지 않고도 오는 따가움이 있다.
찔린 곳마다
벌레들 자라난다.
우글거리지 않으면 불안해지는 영혼
기어 다님으로 무수히 생기는 공동

소리란 무서운 가시를 가졌다.
의미를 줄수록 더 날카로워지는 가시
마른 입속에서 우두둑 떨어지는
가시는, 여기저기 제 몸을 찌르고

거둬들이지 못하는 소리의 의미는
벌레가 되어 우글거리고
기어 다니면서 자꾸 나를 갉아먹는다.

어느 날

노크도 없이
열린 문을 밀며
한 발짝씩 조이며 들어온 침입자
손에 쥐고 있던 휴대폰으로
메시지를 날린다
지나간 메시지를 열어본다
휴대폰의 하루

아침 해장국에 들어 있는 부실한 콩나물과
입안에 겉도는 국물 맛같이
전생에 살았던 것 같은 어렴풋한 생
재생테이프에서 나오는 음처럼 묘하다

대지에 놓인 탱탱한 현악의 줄을 그어대는
오가는 사람들과 자동차
현악의 소리가 항상 아름답다는 이야긴
내게 맞지 않는 옷과 같다

조몰락거리는
무르기도 딱딱하기도 한 하루
울상이며 귀찮게
날 쫄쫄거리며 따라다니는
잠시도 나를 떠나지 않는 지청구

그리운 것이 있다

백일홍, 맨드라미 꽃피는 자리
정갈히 가꾸어진 뜰에도
암암리
저문 사이 불쑥 자란
잡초더미 빼곡하다

두터운 지구 껍질 반 토막 밀며
계절이란 이름으로
꽃은 피고, 꽃은 지고
꽃은 지고, 눈서리 피고
뽑아내도, 뽑아내도
무성해지는 잡초

꽃피지 않아도 좋을
꼿꼿이 버틸 한 그루, 그 나무
정녕 그리울 일이다

태풍

손톱도 없이 할퀴고 가기란 폭풍을 칠 일이다
뜨거워 타버리지 않으려면
거대한 폭포수 쏟는 일이다
아우성이 범람하는 수재민을 만들고야
구토증이 가라앉을 일이다

허공을 찌르는 나른함
흙탕물에 죽음과 꽃과 옷가지를 담그고
설렁설렁 울음을 씻는 일
신의 계시는
예고도 없이 정을 칠 일이다
통곡으로 쏟아지는 폭우
산을 허물며 자아를 무서리 두드려 치는
작은 손짓으로도 돌아가야 했다
내가 있던 뼈저린 그곳으로

산딸기 익던 날
—어머니 장삿날

산기슭 산딸기 붉게 익었다
관을 메고 어깨를 부딪치는
장승의 얼굴이 달아 타오르고 있다
태양의 뜨거움으로 삶을 달구어
대장장이의 망치로 후려치리라, 이 모퉁이를

장날 시장바닥과도 같은 상념 곰씹으며
산딸기 꽃은 피고 지었다
무념(無念)이라는 영전을 들고 따라가다
제 영전을 들고 가고 있음을 아는 상주

누가 죽은 자인가?
제 몸 가져가라고 붉게 익는 산딸기
어린것들은 부지런히 따서 손에 들고
달콤한 맛을 위해 태양빛을 난도질하지만

무리가 갈 길은 한길
이제 태양빛이 침범할 수 없는 두께로 묻히는 일이다

전화번호판을 누르지 못한다

번호판을 누르다 문득 주저함은
텃밭에 심어놓은 어린 푸성귀를 솎으러 간 때문이 아니다
번호판을 누르다 문득 손에 힘이 빠지는 것은
물리치료를 받으러 가느라 집을 비운 일이 아니다
번호판을 누르다 정신이 아득해지는 일은
자식 복 받으라고 기도하러 간 일이 아니다
번호판을 누르다 숨이 막혀오는 것은
속이 상하다고, 가슴이 답답하다고 수다를 떠는 일이 아니다
번호판을 누르다 멈추어지는 것은
그가 내 말을 들으려 수화기를 들지 않기 때문이다
번호판을 누르다 슬슬 겁이 나는 것은
그가 내 옆에서
아니 내 생각을 일일이 보고 있기 때문이다

말은 떠나지 않는다

말들이 숨은 바다
현해탄 혀 놀림으로 휘젓는 뜨거움이 있다
세상을 거쳐 온 수많은 말들
서로의 울림 톱니처럼 맞물렸으리라
넓은 강도
물고기 입을 움직일 때 속기한다
파도와 해일, 포효하는 말들을 보아라
뜨겁게 토해내는 것들
요동치는 회로를 풀어내는 자가 있다
귀에 들리지 않는다고 말이 없어진다고 생각지 말라
수증기는 메모리칩 같아서
수억 년 전부터
생명체 말들을 기록한 것이다
물이 냇물로, 강으로
낮은 곳으로 흐르며
진동을 잠재우지만
폭포를 보아라
서로의 끈이 끊기면 얼마나 시끄러운지

토혜낸 말들의 해독

아, 무서움이여, 영광이여, 다행함이여, 서글픔이여

인간, 짐승, 식물

그리고 메모리 된

말들, 말들, 말들.

죄

골짜기 시냇물
낮음만큼 맑아지는 물소리
낮음만큼 높게 튀는 물살
철없이 파닥거린다

졸졸 흐르면서도
보이지 않고 솟아나
한 움큼 쥐어지는,
간간이 밀려오는 불안한 것들
속수무책으로 떠내려 와
몸에 젖어든다
건져내면 될까?

맑은 만큼씩
선명히 비추이는 검불

한강변 들풀

한강변 블록 틈새를 비집고
들풀은 지는 해를 아쉬워하며
용케도 씨앗을 맺었다
비가 올 때마다 한 모금의 물을 마시려
입을 얼마나 벌렸을까
가로지르는 짐승의 발에 밟히면서도
목숨 보따리 지키려
얼마나 단단했을까?
꿈쩍하지 않고 영글어 가는 풀씨
참새 한 마리 날아와
땅을 쪼고 씨앗을 쪼아댄다

눈 부릅뜨고 버티어온 삶
내 비곗덩어리는
몇 해의 겨울을 위해 영글어졌나?
한강물은 만조에 밀려 수위가 높아지고
풀은 제 모양대로 그림자를 길게 드리운다

메주

나는 메주를 만든다
마른 콩을 물에 푹 불려
중불로 푹푹 삶아
건져낸 푹 익은 콩을
팍팍 절구에다 짓이겨
잘 만들어진 틀로 모양을 빚고
한 톨도 썩지 않게 잘 말려서
곰팡이가 속까지 띄우도록
내 삶도 온전히 푹
띄어야 한다.

장 담그기

나는 장을 담근다
메주를 쪼개듯
삶을 구석구석 쪼개
깨끗이 씻어
메주덩어리를 담근 항아리에
뜨거운 숯불로 불순물을 거르고
잘 익은 대추로 단맛을 우려내어
소금물에 푹 적신다
깊은 맛이 나기까지
내 삶을 오래도록 숙성시켜야 한다.

그 화가네 집

빗길을 따라
담녹색 땅을 적시며 봄은 내리고
산기슭에 있는 골짜기
물줄기는 꼬리를 비틀며 흘렀다
잔디 심겨진 들뜬 뜰엔
물이 빠지지 못해 잠겨 있는
또 다른 삶의 빗물을 만났다
울타리로 둘려진 조팝나무 꽃은
과거에 집착하였는지 고개를 떨구고
비에 젖은 신발을 벗고 들어서면
흙과 아교, 안료를 개어 발라 그린
화가의 화폭에 눈이 머문다

모를 내야 하는데 물이 없어
말라 갈라진 논바닥
농부의 가슴은 갈라진 논바닥이다
농부는 벌어진 틈으로
봄비를 담고 싶었는지 모른다

빗길을 따라 가다
이천에 다다르면 화가네 집엔 비가 내렸고
골짜기에는 흙탕물이 흘렀다
낯선 절벽에 부딪히면서
더욱 거세게 가슴을 치면서 흘렀다

단풍

빨간 연분은
질긴 미련
사람들 발아래 밟힘도 아랑곳
정강이, 허벅지 타고
가슴이 훨훨 타고
입술에 닿자마자
화냥기로 붉어지는 마음

눈

사물들은 내게서 멀어져 갔다

가까이 다가가도 멀어져 갔다

멀어져 가는 까닭은

그동안 너무도 보아왔기 때문이다

문패

산나물 먹고 원시인처럼
날것으로 산다면
내일을 향한 꿈 가벼이 벗어버리고
날것으로 산다면
부싯돌 비빈 불씨로 모닥불 지펴
도토리, 산밤 구워 먹으며
날것으로 산다면
비바람 부는 날
억새풀로 엮은 움막에
비 피해 온 식구 끌어안고 몸 부비며
날것으로 산다면
싸리가지 엮은 바구니로 냇가에서 물고기 잡고
소나무 솔잎 씹으며
칡뿌리 캐어 갈근 녹말 달작 지근
날것으로 산다면

'기쁨 부재중입니다'라는
문패를 이렇게 바꾸었습니다

‘사람 부비며 사는 집’

플롯

풀포기 하나 살지 못할 것 같은
금속으로 만든 차가운 땅
누군가의 입김이 닿을 때면
입안을 헛돌던 생의 이야기들이
빈 공간에 웅크렸다가
오랫동안 쌓인 묵은 응어리들
끝가지마다, 묵은 가지마다
쳐진 생의 졸음을 쫓는
불청객에 놀라
맑은 샘 하나 터트린다

지하철

새벽부터 빼곡히 들어선 섬들
기도 중얼거리듯 졸린 눈의 무리들
활자를 뚫어지게 쳐다보는 생기 어린 무리들
쏟아지는 스팸메일처럼 무감각해진 무리들로
가득하다

빛줄기 하나에 기댄 삶이
떼 지어 들어선다
빵조각을 향한 화석 같은 섬들
물고기떼 같은 질문들이 되풀이되는 터전
되돌아가기를 반복하면서
출근부터 퇴근까지
다양한 곡절들이 출렁거린다

빈자리

싸늘한 달빛이 들녘을 가득 채우고
바람이 산천을 온통 채워도
작은 내 머리는 무언가 채울 것 같은데도
아무것도 채울 수 없습니다.

달빛이 밤새 어둠을 따라가고
바람이 속닥이는 소릴 담아
별에게 밤새 수선을 떨 동안에도
작은 내 몸뚱이 할 일이 많은 것 같은데
나는 아무것도 한 일이 없는 것 같습니다.

달빛이 언제까지 그랬듯이
바람이 언제까지 그랬듯이
작은 내가 나로 있는 날도 많지 않으니
그래도 설움은 설움은
적어 다행이었습니다.

영등포

등불 켠 포구
짠 비린내 어디 가고?
햇살 부서지던
푸르던 비늘 어디 갔나?

세종대왕 술에 취해 비틀거리고
현란한 치어걸 네온사인으로 옷을 벗는다

길들여진 인형이 겹겹이 발에 채이고
옷가지, 장신구, 욕구를 마구 고른다
지하도, 인도에 쌓이는 충동
백화점도 여기저기 들어서고

나도 비린내 더하러
사람 사는 정 더하러
아이쇼핑하다
먹자골목 들리다
햇살 부서지는 비늘에 눈이 부셔

얼어버린 수도

땅이 어는 겨울이 오면
물길은 얼어 물이 돌아 나오지 않았다
함께 얼어버리는 물의 길

올겨울부터
얼지 않게 하겠다고
땅 깊이 수도배관을 묻겠다고
벙어리 아저씨를 데려다 공사를 시작했다
시멘트, 너무도 굳어 깨어지지 않는
세면장 바닥을 곡괭이 치켜들고 깬다
휘이익 휘이익
입을 다물어버린 바닥을 내리찍는다
굳지 말아야 할 곳에
곡괭이 자락으로 틈을 내는 작업을 한다

휘이익 휘이익
힘이 들 때마다 지르는 소리
벙어리 아저씨에게

물이 철철 흐르는 따뜻한 날이 부르는 소리

휘이익 휘이익
한겨울에만 얼어버려야 했을 아저씨의 물길
아저씨의 겨울은 길어
끝끝내 해동되지 못하고

고래의 등줄기 숨구멍 몰아 내쉬며
겨울이면 얼어버릴 굳어진 시멘트 바닥
말 줄기 흐르지 못하는 제 발등 찍는 곡괭이 소리
휘이익 휘이익

눈 2

기다림이다.
마냥 기다림이다.
미동아이의 들뜸이다.
먼동 트는 바다의 설렘이다.
산동네 가난한 검은 연탄재의 가림이다.
부부싸움을 그치는 한때의 따스함이다.
가난한 연인의 따스한 주머니의 대화이다.
군밤이고 싶은 사랑을 숙성시키는 촉매이다.
주머니 가벼운 시인, 보고픈 사람 문득 떠올린 그리움이다.
헤집어도 아프지 않는 무아지경이다.
때로는 낙원이다.
그렇다.
꽃 중에 가장 아름다운 꽃이다.
가장 넓게 피는 꽃이다.
비록 검은 눈가림이라도
지금, 눈 내리는 지금
천국이, 천국이 내리고 있다.

수채화

눈이 쌓인 날에
봄기운의 따스한 바람이
허락도 없이 불어온다.
얼었던 어깨가 슬슬 풀리면서
개울의 언저리부터 부서지기 시작한다.
인간은 게놈시간표대로
설레는 마음, 그놈은
언제 터질지 모르는 풍선
그저 오는 놈의 마음이었다.
생명의 잠을 깨우고 속에서는 씨앗 하나 자라고
미래라는 꿈에 묻어
눈물로 푸른 하늘을 그리며 산다

바닷가

철새들 푸덕이는 날개 파도야.
억새 비집는 틈새
들풀 섶 따듯한 둥우리
날 품어 이곳에 깃들게 하여라.
훨훨
맑은 공기 마시며
밤하늘별과 하고픈 얘기나 실컷 하게.

겨울 산장

마른 산 아래
겨울 나무들이 둘러앉았다
숲은 뭉텅뭉텅
풀숲 팔베개 누워
언 다리 건너고
언 개울 지나
산허리 춤에 걸친 산장에 모였다
지린 벗들
모여 한 소절씩 정담이 익는다
인정사, 세상사 찻잔에 우려내면
쓴맛, 단맛, 떫은맛
술술 넘어간다
한 모금 한 모금
흘러드는 정겨움이야
여무는 아량이야
중천의 해도 한눈팔고
덕담에 취해 고개가 기운다

비

똑
똑
똑
주룩 주룩
쫘악

젖어드는 세상
흔들리는 연민

풀

나는 강바람을 안은 풀잎
종종 잦은 바람에 기울고
모진 바람으로 흔들리다가
맑은 녹색으로 웃는 풀잎

나는 강바람을 안는 풀잎
흔들리는 것만큼 모질어지다가
찬 서리에 고개가 꺾이며
누런색으로 아파하는 흔한 풀잎

나는 강바람에 안긴 풀잎
에이는 바람에 가슴을 여미고
꺾인 몸으로 뿌리를 감싸 안으며
하얀색으로 강해지는 흔한 풀잎

밤길

벽돌 크기의 블록 맞물려 놓인 좁은 길
가로등은 한 무더기 유리빛으로 제 몸만 비추고
흔적이 널브러진 거리에 고양이 한 마리 웅크리고 있다
눈치로 살아온 세월의 고양이
동공을 열어 초점을 맞추지 않고 자유를 누린다
고성과 속임의 메아리가 잠든 밤
노력을 해도 무능력을 떼지 못한 고양이는
알지 못하는 곳으로부터 부는 회오리에 등을 더 움추린다
사람들의 발길질
꿈에 꿈을 걸치는 끄나풀에
벽돌 크기의 블록 맞물려 오는 조바심
제 더러움 벗지 못하는 밤길에 놓고
그저 오는 새벽만 붙들고 있다

밤길 2

누워 있는 길이나 서 있는 나무들이
낮 동안 걸어온 길 위에서 지워지고

폴더에서 나오는 환한 빛에서
지워진 풍경이 살아난다

서로는 서로를 문지르며
빛을 만든다

일회성 사랑처럼
폴더에서 얼른 튀어나온 빛은
가슴으로 치대는 만큼 환했다

걸음을 뗄 때마다
나를 주무르며 비벼대는 어둠의 몸짓

사월에 내린 눈

이른 봄 새싹은
겨우내 몸을 숨기었다가도
세치 혀 짧은 울음
자꾸 세상으로 세상으로 울었다

따스한 봄볕이
늘 따듯할 수만은 없다며
주체할 수 없는 광기로
뭉텅뭉텅 하늘 온통 하얗게 갈기 휘몰아치며
냉기로 대지를 덮었을 때도

세치 혀의 울음은 눈 덮인 속에서도 길어갔다
차가운 밤도 길어갔다

사월
그 싸늘한
우리의 사랑

제2부

흰 꽃

여름 땡볕 아래
홑잎 무명옷 입은 꽃이 피었다
지참금도 없이
여름은 끔찍이도 더웠다
아스팔트 열기로 혼미하고
저 태양에게 빚지지 말자고
스스로 햇빛을 거절하였다

무명옷 해져 떨어진다
가난한 꿈을 베고
바람에 흔들린다
살아 있음은 꽃받침 위에 꽃을 피우는 것이다

저 태양에 빚지지 말자
저 태양에게 빌리지 말자

장마 후

어제는 많은 비가 내렸다
오늘 누가 구름하늘 밀었는지
허기진 바람은 숲 사이를 가로질러
휘몰아치며 무너졌다
나는 가벼운 생을 수첩에 적으며
궂은 바람을 따라 불어왔다

세월을 주고 무엇을 살까
내 웅크려 있는 육체
개 같은 열병이라도 앓아야 했다
여기저기 웃음소리 기울어
옥색 하늘 빼어난 듯 맑다
바람이 언덕 같은 습관을 따라 오른다
난 치마폭처럼 흔들리고 있었다
미치지 않고 이 세상을 산다는 건 형벌이다
끊임없이 비가 땅을 두드렸다
눅눅한 바람엔 소식 하나 없는 얼룩만 남기고
가파른 매미 소리 나를 찌른다

가을

창틈 사이, 바람
맨살 위로 미끄러진다
붉은 고추잠자리
나뭇가지 위로 내려앉고

코스모스 핀 길가
햇살에 찔린 가을빛
잠자리 날개 붉어져 있는 날들이여

서서히 네가 오던 그때
다가오는 노을빛
절망은 피어
이 가을 붉었구나

이 가을,
물오르다 멈춘 나뭇가지 위를
고추잠자리 바람 되어 날아가련다

꽃을 따는 새

진달래꽃 분홍빛 화단을 불 지르고
거칠게 숨결을 내뿜는 꽃들의 호객행위

낮모를 새가 꽃 속에 뽀르륵
그러곤 입으로 꽃을 따 문다
인기척에 놀라 푸득
꽃을 입에 물고 날아가는 새

새가 꽃을 딴다
새가 꽃을 먹는다
문득 꽃이 먹이인 양 생각에 머물다
내 구차함이 부끄러워 새가 날아간 빈 공간 속을 바라본다

추위를 기워 교정을 진달래 명주길쌈으로
달그락거리며 북이 경계를 넘나들며
꽃송이 송이로 큰 광폭 자아내어
교정 가득 널어놓은 진달래

새가 꽃을 딴다 꽃을 입에 물고 날아간다
구차하던 속살이에 꽃 하나 꽂아두던 새
새가 꽃을 따는 교정의 길

교실 풍경

책상에 걸터앉은 아이
웃고 떠드는 아이
뒤에 빠져서 딴 짓거리하는 아이
가만히 서서 구경하는 아이
손짓 발짓하며 의견을 제시하는 아이
그룹 활동으로 토론을 하는 풍경
틀에 박히지 않도록
모둠을 만들어주고 그냥 바라보고 있다
교사가 있건 없건
치고 박고 장난치며 소리를 질러도
소용이 없는 아이들

가족사진

저녁 무렵
구름 가득한 검은 띠로 산허리가 잘린 산
저녁 밥 짓는 아궁이의 연기와
노을빛들을 가득 머리에 이고 있다
아기 산이 엄마 산에 업혀
형아 산들이 엄마 손에 잡혀
자욱이 깔리는 어두움을 지척에 두고
눈 마주쳐 나란히 서 있다

햇빛도 때가 되면
낯을 붉히며 부끄러워한다

커피 한 잔

공간을 도려내는 저 소리

바이올린과 피아노가 서로
거슬리며 긁으며
싸움의 소린 듯
애무의 소린 듯

전기를 넣어주고 주파수를 맞추면야
종일 조잘거리다가
종일 노래를 부르다가
종일 악기를 그어대다가

나도 종일 떠들고 생각을 긁어대고 비껴내고
나만의 바이올린과 오버의 선율이 느리게 깔리는 지금
커피 한 잔으로 회색빛을 비벼끈다

은행나무

낮이면 집 앞의 공원에는
아이들이 사방치기를 하다
패인 땅금에 말 못한 분풀이를 그어놓고
여기저기 놀다 간 자리만 쓸쓸히 남겼다

밤이면 집 앞의 공원에는
고요를 뚫고 술 취한 남정네가 큰 소리로 말한다
이 오빠가 널 사랑한다 알아 이 멍청아
고요를 찢는 소리
가로등 졸던 잠을 깨고 은행나무가 흔들리는 것을 본다

사람들은 암수가 하나인 은행나무를 만들었다
여자란 변덕이 심해 그놈의 마음 종잡을 수 없어
여자 변덕은 죄가 아니라고 말하면서도
남편은 암수가 하나인 은행나무를 사다 심었다

야 임마 사랑이라구 말하면 사랑인 거야
넌 내 꺼라구 내 사랑이라구

비둘기

갈색 구두에 까만 양말을 신고
시멘트를 대리석으로 눈 가린 4층 계단을 내려간다
무릎을 면도날로 도린 듯
계단은 번쩍이고
시멘트 같은 걸음걸이로 내려간다
문밖으로 나선 하루를 비둘기가 날아간다
내가 좋아하는 사람은
많은 사랑으로부터 배신을 당해 운다고 한다
낡아진 사랑을 늘 만지작거리면서
비둘기는 해가 남쪽으로 가면 그 전깃줄에서 뜨거움을 피했다
계단을 내려가 마주치는 우리 집 앞 공원에는
공원에서 멀리 떨어져 사는 노인이
날마다 아침이면 비둘기에게 먹이를 준다
할아버지네 집은 공원에서 멀어 매일 자전거를 타고 온다
우리 집 창문에는 비둘기 똥이 쌓이고
집 안으로 들어온 것은 똥이 아니어도 역겨운 바람으로 온다
할아버지가 비둘기에게 먹이를 준다
나는 구구거리며

비둘기 똥이 쌓인 하루를 몸에 끼워 맞추어 본다
갈색 구두에 까만 양말을 신고

난타 1

톡톡 튀는 벌레들이 놀아난다
배추가 사라지고, 무 잎이 사라지고
톡톡 튀는 벌레들 노래를 부르노라면
배추가 없어지고 무 잎이 없어지고
들풀은 남아 들풀은 그대로 남아

한 판 톡톡 튀며 두드리는 장단에
채소들이 사라지고
북 소리 장구 소리에 맞추어 벌레들이
장난을 친다 난타를 친다
배춧잎 무 잎이 사라고서야
톡톡 튀는 벌레들
톡톡 튀러 어디로 갈까?
배춧잎 무 잎 다 사라져야, 다 사라지기까지
톡톡톡 난타를 친다
난타를 친다

난타 2

바짓가랑이를 넘어
팬티가 젖고
어깻죽지가 누적누적 젖는다
쏟아지는 제 길 휘저은 길 속에서
한쪽 다리 절룩이며
걷는 젊은이의 눈빛에
길이 굳어진다
비 쏟아지는 길
어깨 들먹일 때마다 우산 어그러져
혼란스럽게 들어선 비가
얼굴을 치고 어깨를 흘러
우산 쓴 길 절룩이며
낮은 길을 찾아
비가 다리를 전다
바라보던 내 눈이 기우뚱한다

이식

창문 앞 시멘트 베란다 밑
비 내려도 목 한 모금 축이지도 못하는
가끔 뿌려주는 물줄기로
연명하는 생
제 발로 빗길을 걸어갈 수 없이
시멘트 바닥 가까이 서 있는 나무
목마름이
틈틈이 써내려 간 잔가지조차
주룩주룩 빗물의 내리막길에서
내 부모의 가난함처럼
물줄기를 지척에서 바라볼 뿐
주목은 서서히 눈을 감는다

어느 날
누군가의 은총으로 베란다를 떠나
옮겨 심겨진 다음에
나무는 비를 철철 맞으며
물이 온몸에 젖어들어 푸르렀을 때에야

웃음 새싹이 움텄다

행복이란 거리의 이동인 것을

가을비

얼굴을 들고 서 있는 나무를
바람이 흔든다
흔들릴 때에서야 자신의 존재를 느끼는 나무
흔들릴 때에서야 자신을 풍겨내는 나무

'올 가을은 너무 가물어서
설악산 단풍들이 단풍이 들지도 못하고 말라가고 있습니다
관광객들 예약은 취소되고
설악산 숙박업자들은 울상이라고 합니다'

가을비가 날벼락 치며 천둥을 치며 하늘을 갈랐다
늦은 나이에도 늦가을비로
늙은 나무는
살갗 스멀스멀 더듬는 비 손길에
홍조를 붉혔다
가을은 점점 깊어가고

간유리

맑은 유리창
나무들이
괴로움이나 슬픔을 늘어놓는다

뿌연 간유리창
안과 밖의
은밀한 경계를 지운다

우박

치아의 상아층이 뚫리고
의사는 치통을 도말하려고 부식된 이빨을 긁어낸다
연마기로 들들들 갈 때마다
치골에 박힌 몸체를 떠나가는 알갱이
입안으로 와르르 쏟아진다

아스팔트 위에는
이빨 삭아버린 조각들이
투두둑 튀어 땡글땡글
단단함에서 한 발짝씩 떨어지는 것들
다이아몬드 보석인가
연모의 눈빛으로 바라본다

의사가 이빨을 연마기로 간다
입안 가득 삼키지 못하는 것들이 차오르는
조각으로 부서지는 것
아스팔트 위로
반동을 치며 튀어 오르는 것들

의사가 입안으로 흡입기를 밀어 넣자
구멍으로 깊숙이 빨려 들어가는
은빛 같은 보석

연줄

바람은 강바람 위로
높이 올라
올올이 한 땀 한 땀
박음질을 한다

강바람이 세면 질겨지고
강바람이 강하면 억세게
실 땀
질긴 날줄을 풀어
허리줄기 휘면서 인연의 끈 놓지 못하고
왜 하늘에 박음질을 해야 하는가

마른 잎이 달린 나무

겨울을 넘기고도
묶은 옷 입고 그대로 서 있는 나무야
나서지도 않고
남들이 다 제 옷치장을 한 후에도
너는 조용히 서 있구나

겨울을 넘기고도 옷을 벗지 않는 나무야
남들이 새 옷을 입을 그때서야
헌 옷을 벗고 조심스레 옷을 입는 나무야
너의 침묵에
너의 적막에
조심스레 네가 걸었을 길이 보인다

긴 추운 밤
가는 몸으로 나무에 붙어
겨울을 넘기고도 그대로 서 있는 나무야

로즈마리

바지 줄을 꽃꽃이 세우고 잠바를 걸친 중년 남정네
화분들 버스 길 쪽으로
로즈마리와 그 꽃 친구들을
꽃가게 양쪽 기둥 주물로 만든 못에다 내건다
때를 만난 아침이
햇볕을 겨냥하며 나를 사정거리 안으로 쏘아댄다
나는 내 사정거리가 싫어요
날 사정거리 밖에서 푸르게 내버려 두세요
모닝 웃음이 커피를 마시는 아침
꽃가게 아저씨 꽃집에서
양지쪽으로 빠져나오는 화분들과
길 건너 버스정류장에서 눈을 맞춘다
나는 사람들이 노는 놀이터에서 꽃놀이 동산의 웃음을 만든다
웃음이 시들어 버려질 틈이 왜 자꾸 산처럼 높아지는지
오늘 아침 신문에는 실업자가 줄사탕처럼 회사 문턱에 서 있단다
471대 1이라는 머릿수가 꽃이 되어
아저씨는 나를 사정거리 안에 걸어놓았다
어머니가 병상 로즈마리를 머리맡에서 마시던 그 아침에

어머니는 병원 중환자실에 있던 아침이었다
자식들이 늦게 도착한 그때쯤 눈물 흘리는 통곡이
얼마나 낯설었는지 어머니는 보고 계셨다
'어머니 사탕이 달다고 말하지 마세요
단맛은 하나의 계약서였어요'
아저씨가 내놓은 화분들이
꽃으로 웃는 웃음 향기가 어머니를 어루만질 때
나는 당신의 사정거리였다
'어머니 나를 사정거리 밖에 놓아두세요
나는 로즈마리 짙은 향기로 숨을 쉬지 않아요'

벚꽃 축제

윤중로에는 호롱불들이 환하게 켜졌다
불 켜진 불빛들 밑으로
끊기거나 이어가거나 하는 검은 개미떼 같은 인파들과
그 옆 도로에는 관념과 경제를 옮기는 수레들로 밀려 있다

벚나무 가지 굵은 몸체의 줄기나
가느다란 끝가지에 매달린 벚꽃들은
너나없이 고르게 균등했다

내 생애는 안락한 모서리에서 편식자로
입에서 나오는 잎 조각들은 벚꽃잎처럼 고르지도 못했다

한 치의 거리 원효대교에서 바라보는 여의도
호롱빛 아래 모이는 인파들 틈에 끼여
나는 꽃처럼 환하지 못한 내 생애를 본다

벚꽃잎들은 생의 때를 알리는 바람에
같은 비중으로 가볍게 떨어지고 있었다

복대

허리에 플라스틱을 덧대어
너무 기울어지거나
어긋나지 못하도록
척추에 덧댄 지팡이

말도 못하는 것들끼리
살갑지도 못한 것들끼리
빗대어 기댄 것으로도 힘이 된다고
어루만지고
천덕꾸러기처럼 내뒹구는 플라스틱
척추 옆에서 나를 지탱시켜 주는
하나의 힘이었다

구차하게 힘을 빌려 사는
나

노숙자

지하철 모퉁이 좌석에
창이 넓은 검은색 모자를 쓴 사내
모자는 띠를 두르듯 반짝이는 모조보석이 박히고
검은색 잠바에 한껏 멋을 부린
빨간색 안감 부드러운 속살 셔츠를 입고
콧수염을 멋들어지게 올렸다
조물거리며 껌 씹는 소리 가락
차마 그를 볼 수 없어
맞은편 터널을 지나는 창문에 비친 그를
훔쳐 뚫어지게 쳐다보면서 그를 떠올린다
옛날 내가 그리던 사람이
열등감이 너무 당당해 한껏 멋을 부리고
음악을 즐기고 시를 즐기고
생을 예술이라는 낭만으로 짠 도포를 입히고는
세상을 비난하고 조롱하던 그가
여기에 앉아 나를 응대한다
가까이 다가가기엔 왠지 거리가 좁혀지지 않던
혼란스러웠던 긴긴 나날들을

커피처럼 나를 중독시키던 그를
나는 그물을 치고 내가 거하는 공간에서 날아가지 못하게
그를 옭아매었었다
그는 용케도 기다리며 내가 그의 사람이길 기다리며 있었는지 모르지만
그 모습이 내 앞에서 껌을 씹으며 지하철에서
한껏 멋을 부린 옷에서 퀴퀴한 냄새로 나를 얼룩지게 하고
검은 때는 스멀거리며 나를 흔든다

고소장

물은 길을 따라 흘러간다
물이 가는 길
물은 늘 새로운 길을 간다
헌 길을 버리고 새 길을 찾아가는 것이 아니다
어디선가 떨어진 바윗덩어리인지
어디서 날아온 씨앗의 뿌리인지
그러한 물체를 피해
날마다 변하고 변화시키는 길은 간다

물이 길을 간다
매일 아픈 다리로 간다
슬관절 연골이 퇴행되었다고
어찌 가지 않으리
현재의 등고선보다 낮은 길들이 놓여진
길로 흘러간다
매일 똑같은 길을 간다고 믿고 있는 믿음에
고소장이 접수되었다

목련

하얀 드레스 자락을 끌고
살포시 하늘을 파고들었다

따스함이 흩날리는
꿈이 피기 전부터 설레던 외출
흰 꿈을 뿌리며 봄에게
숨결을 보이는 것만으로도 가득하다며

햇살을 담아낸 옷깃이 무거워
하얀 미소를 남기고
칼날 같은 햇살에 녹아내려도

다시 올 날 불 지펴
타들어 가는 심정을 숨기고
겨울에 묻히는 설렘

강물

강물은 강으로 흐른다
저보다 낮은 곳으로 흐른다
거친 바닥을 갈아내며
모난 구석을 닦아내며
낮은 곳으로 낮은 곳으로만 흐른다

흘러간 강물은
저마다 모여 커다란 웅덩이로 자란다
갈아낸 그 틈새로
닦아낸 그 틈새로
휘휘 휘젓는 물고기들

온갖 모나고
온갖 각이 진
비벼대는 것들이
버려진 것들이
그들의 먹이가 된다

먹혀지는 것
버려지는 것
그 속에서 뛰노는 무리들

물결

1.
양수대교 아래에는
손을 마주잡고 끌어안다 몸을 뒤집는
남자와 여자가 있다
반사되는 햇빛은 눈이 부시다
물결의 깊은 마음이 반짝일까?
고요를 뚫고 올라와
밤이면 네온사인 불빛 아래
술잔을 기울인 손님 오감을 위해
요동치는 무희의 몸짓

손님은 술잔을 비우고

2.
산기슭을 지나면서 꿈틀거리고
몸을 뒤섞으면서 풀어헤쳤다 어린 꿈들을
줄줄이 꾀여져 나오는 불구가 되는 환영들
물결은 출렁거리고

인생은 바람개비처럼 헛바퀴를 돌며 찬란하다
옷을 입은 여자
화려한 외출은 햇빛으로 위장된 은어이다

바람에 흔들리는 것들이
양수대교 밑에는 가득히다
찰랑대는 것들 속에서 갈대숲 우거지고
그 사이사이를 노니는 철새떼

가뭄

가뭄이 타고 내려와 산과 강을 덮었다
계곡마다 물이 줄었고
낚시꾼들은 밤을 새우며 밤의 적막을 낚았다
아이들이 노는 물놀이 틈으로 더위가 끼어들며
밤이면 더위도 제 무게를 내려놓는다
들에는 들꽃 향기가 이곳저곳을 배회하며
사랑은 그리움으로 앓았었음으로
그리움은 무럭무럭 무더위 가뭄 속에서도 자라고
그때 우리는 삶의 내용을 송두리째 잊어버리고
얼마 지나지 않아 벗겨질 희열에 젖었었다
골짜기 물이 마르고
무더위는 아랑곳 격정으로 치닫고
그리움이 문득 짙어지면서 몸을 부하시키는 것이다

가뭄은 짙어지고 골짜기 물은 마르고
가뭄의 강물에 낚시를 드리운다 밤이 새도록

비가 내린다

종일 비가 내린다
나무, 수풀, 강들이
길을 내주며 비가 내린다

빗방울이 육체의 무게를 줄이며
낮은 곳으로 낮은 곳으로 흘러간다

나이가 들수록
생도 낮은 곳으로 낮은 곳으로 흘러간다

주름살이 많아지는 건
빗물이 흐르기 편하도록 길을 내주는 것인가 보다

낙엽 쌓인 길

여의나루역 4번 출구
어김없이 아침을 걸어야 했습니다.
둑방길은 차도로, 방음벽마저
한강의 확 트인 전경을 막아버렸습니다.
감옥이라고 했습니다. 내가
여의도 감옥

오늘은 아니었습니다.
오늘만큼은 아니었습니다.
찢겨지고 밟혀지고 말라비틀어져
몰골사나운 낙엽이 뒹굴다
어느 한 사람의 손길로
낙엽들이 산처럼 쌓였습니다.

수북이 쌓인 낙엽 사잇길
걷기가 너무 아까워
걸음을 멈추고 호흡도 멈추었습니다.

양쪽에 줄지어 서 있는
플라타너스 가지들도 손을 맞잡아
속살대는 미소를 흘렸습니다.

감옥을 열었습니다.
활짝 열었습니다.
따스함으로 채우기로 했습니다.

모나고 모순되고 상처로 얼룩진 사람을
사랑해야겠습니다.
우리가 사는 세상이
이렇게 쌓아놓으면 푸근한 걸.

약산도에서 해를 보다

1.
해도 한 번쯤 도회지를 떠나
생뚱맞은 장소에서 허허롭고 싶었을 거다.
자동차 매연으로 콧구멍 시커멓던 목동오거리
지날 때마다 간질간질하던 회색빛 목구멍
완도군 약산도에서 기웃 얼굴을 내밀었다
선선한 바람으로 허풍스레 웃음 열었을 때
입안 가득 쏟아지는 붉은빛 헤픈 미소

2.
내 마음의 일기예보
오늘은 맑음 해는 붉으오
하늘 제 멋대로 푸르고 바람은 조금 불 거요
동백꽃 맺은 듯 몽우리 지고 있었소
바다 모래는 새댁 얼굴빛 같으오
바람이 왜 부는지 갑자기 궁금하기 시작했소
얼굴을 미지의 바람에게 내어주고 웃었소
내가 사는 까닭이 묘연해서 돌멩이를 힘껏 던져 보았소

가슴에 떨어지는 돌멩이 같이 보이지 않아 후회를 하였소
내 머리통은 맑은 날씨만큼 백치였소

꽃지해수욕장

서녘 하늘에
하루에 한 잎씩 잎사귀가 떨어진다
떨어지는 잎사귀마다
파란 바다 거울에 얼굴을 비추다 간다

수천 년 동안
등짐을 지고 서서
매일 지는 잎사귀를 지켜보던 할미바위

얼굴 붉히고 가는 단풍
얼굴 가리고 가는 단풍
얼굴이 있는지도 모르고 가는 단풍

할미가 천년을 등짐 지고 있어도
서녘에 넘실대는 꽃과 석양을 취하러
행렬은 꽃지를 향하여
쉼 없이 가고 있다

울릉도 절벽

내 살갗에는 생 가운데 마주친 욕설들로 부스럼이 생기고
외피는 피가 서린 크고 작은 옹이들이 툭툭 터져 나온다
내 시야는 운무에 쌓여 일본이 오랜 백제를 보듯
애매한 것들을 응시하는 청맹과니 무지함으로 외돌아져 있다
태평양은 끊임없는 구애의 손톱으로 할퀴고
막다른 슬픈 절박함이 우뚝 서 있다
비교하지 않는 삶을 사는 자 누구일까마는
환각 속에서 울고 웃는 광대, 웃는 관객
민들레 홀씨는 목적도 없이 정착하고
계절에 따라 한 생을 마감한다
행복은 이역만리 태평양 연안을 따라
가을 낙엽처럼 뒹굴고
이념이 무엇인가 뒈져버릴 이념이 발에 툭툭 채인다
선택의 균열 틈에서
갈매기 분비물은 내 비애의 굵은 주름에 떨어지고
그러나 내게도 제 목숨을 열고 뿌리를 내리는
풀과 나무가 있어 그의 생만큼 나의 생도 절박하다

어섬

대부도를 연결하는 제방도로가 생기면서
둑방에 갇힌 바닷물은 사라지는 것들 끌어안으며
뒤돌아볼 수 없이 길을 떠났다
문명은 장마에 쓸려와 내려 쌓이고
가로등으로 밤거리를 밝히는 제방도로 이편에
숨죽은 듯 굳어가고 있었다

어섬에 하루 품삯으로 살아가는 갯벌 할미
태양광선 따가움으로 살이 찔리고 그을려
검은 주름 골, 골마다 땀이 고였다

골마다 잉태되는 무수한 생명체
골은 깊어졌고 골에는 달빛도 어렸다
융통성 없는 망둥어
속없이 거품 일구고 바닷속 일들 지껄여대는 게들

개발이란 서슬 퍼런 괴목이 바다 깊이 차근차근 놓이면서
오색기 펄럭이는 개발이 노래 부른다

포클레인 기중기 덤프트럭
밤새 구토 소리를 내고 객토는 높아지고

할미는 알았다
21세기의 개량된 철강의 괴물이 세상을 짓밟으리라는 것을
할미는 말을 뚝뚝 부러트리며 실어증 늪으로 빠져들었다

초지대교

1.

도심 빼곡히 세워진 구조물들을 벗어나
저녁 무렵 안개비에 젖은 대교를 지난다
갯벌엔 숭어를 내린 배들이 서로 등을 돌린 채
어두움을 먹고 몰골만 앙상하게 토하고 있다
유가 인상으로 어스름한 때가 되서야 서서히
대교를 밝히는 불빛이 안개비를 흔들며 다가와
황산도에 서 있는 내게 말한다

2

얘야, 진실이란 빛 앞에 다가설 수 있니?
나는 뭔가 잃었을 때마다 주머니를 뒤지기 시작했다
건망증 지폐 한 장 오천 원짜리가 잡혔다
오천 원으로 사면 돼 그 큰 물고기를,
사는 게 아니야 네 수고의 땀으로 세우는 거야.
진실은 어리석게도 맑아 투명하거든
그래, 나는 왜 무른 거야?
단단한 이빨이 달려올 때마다 왜 씹혀야 하냐고

3

내 핏줄에는 혈기가 흐른다
여기에 다리를 놓는 거야 단단한 봉을 박고
그 위를 유유히 지나는 거야
내 핏줄이 오만한 콜레스테롤을 나르고
뱉어내고 싶은 비굴함을 나르건 말건
하나의 여유로 간이다리라도 놓는 거야
불평불만이 득실거리는 외곽순환도로를 지나
내 안을 밝히는 불빛 안개비라도 뿌리려면

창포

내 생일은 단오 전날
창포가 무엇인지 모르면서
사람들이 창포 향 날리는 머리카락을 생각한다
창포를 찾아다닌 세월
나는 아직도 창포를 모른다
그래도 내 생일 머리 갈피에는 창포가 꽂혀 있다
한강변 아침 산책을 하던 날
비가 그쳤다
비 그친 아침이 그늘진다
한강 자전거길에 사람들이 그늘지고
동쪽 냇물을 종횡하던 냇물이
강줄기를 따라왔던 생소한 길들이 그늘진다
서해는 밀물로 치올라온다
바다와 강이 혼재된 단오 전날 강물엔
첨벙 튀어 오르는 물고기들이
아침 물갈기를 휘갈겨 쓴다
내 머리카락엔 창포 향이 날린다

이 도서의 국립중앙도서관 출판시도서목록(CIP)은 서지정보유통지원시스템 홈페이지(http://seoji.nl.go.kr)와 국가자료공동목록시스템(http://www.nl.go.kr/kolisnet)에서 이용하실 수 있습니다.(CIP제어번호: CIP2016019364)

문학의전당 시인선 232

꽃을 따는 새

초판 1쇄 인쇄 2016년 8월 11일
초판 1쇄 발행 2016년 8월 18일
지은이 성근석
펴낸이 고영
책임편집 류미야
디자인 헤이존
펴낸곳 문학의전당
출판등록 제311-2012-000043호
주소 서울시 은평구 연서로11길 7-5 401호
전화 02-852-1977 팩스 02-852-1978
전자우편 sbpoem@naver.com

ISBN 979-11-5896-274-6 03810